Impressum
Verlag: BABADADA GmbH, Nedderfeld 112 , 22529 Hamburg
Geschäftsführer / Verlagsleitung: Harald Hof
Druck: Books on Demand GmbH, In de Tarpen 42, 22848 Norderstedt

Imprint
Publisher: BABADADA GmbH, Nedderfeld 112 , 22529 Hamburg, Germany
Managing Director / Publishing direction: Harald Hof
Print: Books on Demand GmbH, In de Tarpen 42, 22848 Norderstedt

escola
Schule

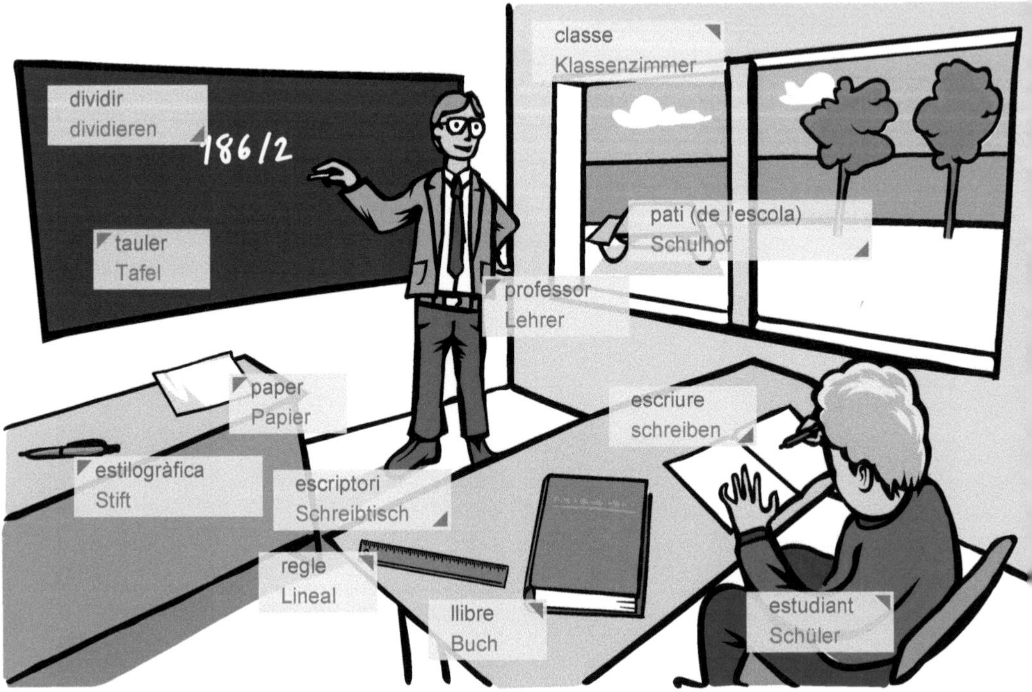

classe
Klassenzimmer
dividir
dividieren
186/2
tauler
Tafel
pati (de l'escola)
Schulhof
professor
Lehrer
paper
Papier
escriure
schreiben
estilogràfica
Stift
escriptori
Schreibtisch
regle
Lineal
llibre
Buch
estudiant
Schüler

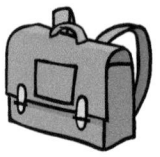

bossa

Schultasche

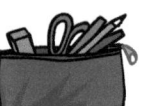

estoig

Federmappe

llapis

Bleistift

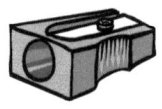

maquineta de fer punta

Bleistiftspitzer

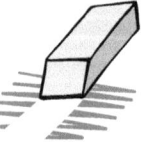

goma

Radierer

bloc de dibuix

Zeichenblock

dibuix

Zeichnung

pinzell

Pinsel

capsa de pintures

Malkasten

tisores

Schere

cola

Klebstoff

quadern d'exercicis

Übungsheft

deures

Hausübung

nombre

Zahl

afegir

addieren

sostreure

subtrahieren

multiplicar

multiplizieren

calcular

rechnen

lletra

Buchstabe

alfabet

Alphabet

mot

Wort

text
Text

llegir
lesen

guix
Kreide

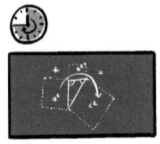

lliçó
Unterrichtsstunde

llibre de classe
Klassenbuch

examen
Prüfung

certificat
Zeugnis

uniforme escolar
Schuluniform

formació
Ausbildung

enciclopèdia
Lexikon

universitat
Universität

microscopi
Mikroskop

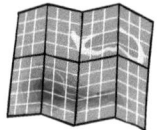

mapa
Karte

paperera
Papierkorb

viatge
Reise

hotel
Hotel
Grand
alberg
Herberge
ROOMS
oficina de canvi
Wechselstube
maleta
Koffer
automòbil
Auto

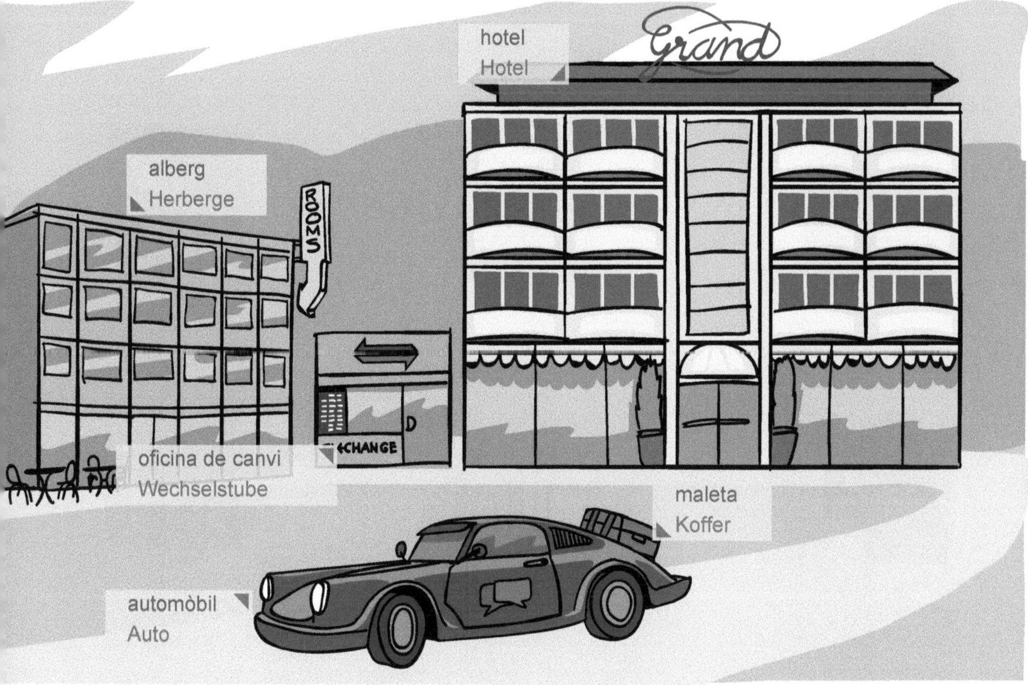

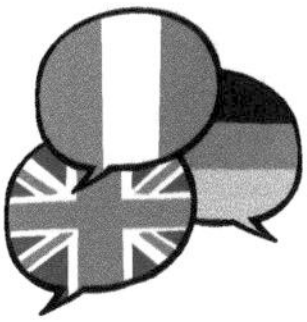

llengua

Sprache

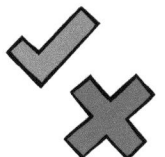

sí / no

ja / nein

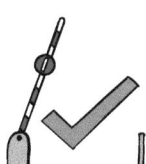

D'acord

Okay

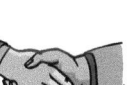

Ey!

Hallo

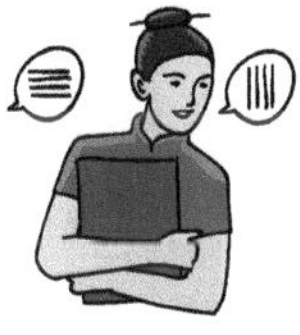

traductora

Dolmetscherin

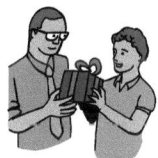

gràcies

Danke

Quant costa… ?

Wie viel kostet …?

No entenc

Ich verstehe nicht.

problema

Problem

Bona nit!

Guten Abend!

bon dia!

Guten Morgen!

bona nit!

Gute Nacht!

fins aviat

Auf Wiederschaun!

direcció

Richtung

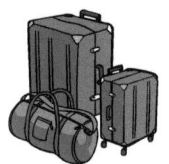

bagatge

Gepäck

bossa

Tasche

sarrona

Rucksack

convidat

Gast

cambra

Zimmer

sac de dormir

Schlafsack

tenda

Zelt

oficina de turisme

Touristeninformation

platja

Strand

carta de crèdit

Kreditkarte

esmorzar

Frühstück

dinar

Mittagessen

sopar

Abendessen

bitllet

Fahrkarte

ascensor

Lift

segell

Briefmarke

frontera

Grenze

duana

Zoll

ambaixada

Botschaft

visat

Visum

passaport

Pass

transport
Transport

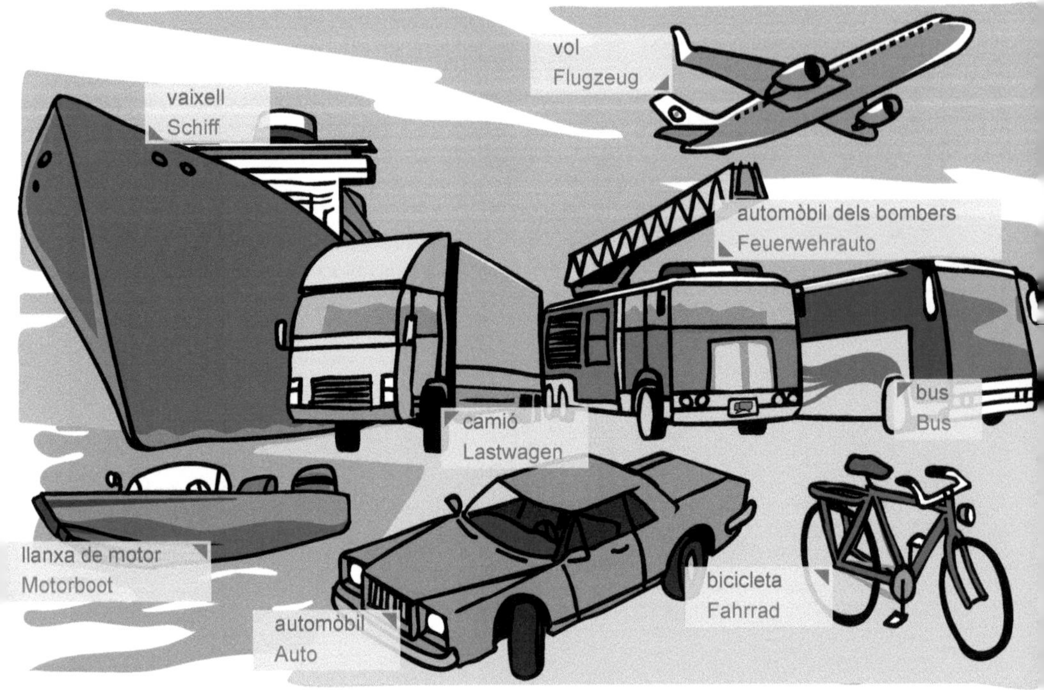

vol
Flugzeug
vaixell
Schiff
automòbil dels bombers
Feuerwehrauto
bus
Bus
camió
Lastwagen
llanxa de motor
Motorboot
bicicleta
Fahrrad
automòbil
Auto

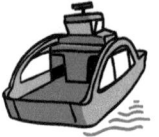

transbordador

Fähre

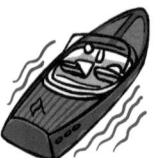

barca

Boot

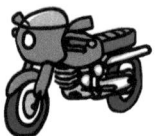

moto

Motorrad

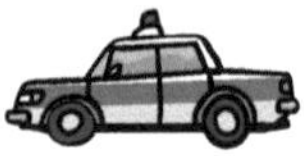

automòbil de policia

Polizeiauto

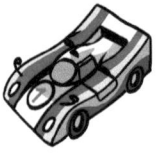

automòbil de curses

Rennauto

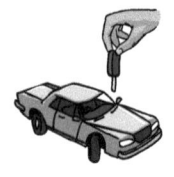

automòbil de lloguer

Mietwagen

vehicle compartit

Carsharing

grua

Abschleppwagen

camió de les escombraries

Müllwagen

motor

Motor

benzina

Kraftstoff

benzineria

Tankstelle

senyal de trànsit

Verkehrsschild

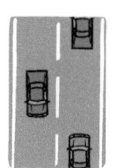

trànsit

Verkehr

embús

Stau

aparcament

Parkplatz

estació de trens

Bahnhof

vies

Schienen

tren

Zug

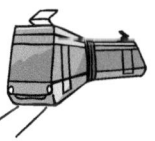

tramvia

Straßenbahn

vagó

Wagon

helicòpter

Hubschrauber

aeroport

Flughafen

torre

Tower

passatger

Passagier

contenidor

Container

capsa de cartó

Karton

carretó

Rollwagen

cistella

Korb

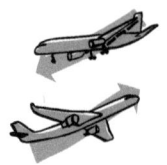

enlairar-se / aterrar

starten / landen

ciutat
Stadt

poble

Dorf

centre de la ciutat

Stadtzentrum

casa

Haus

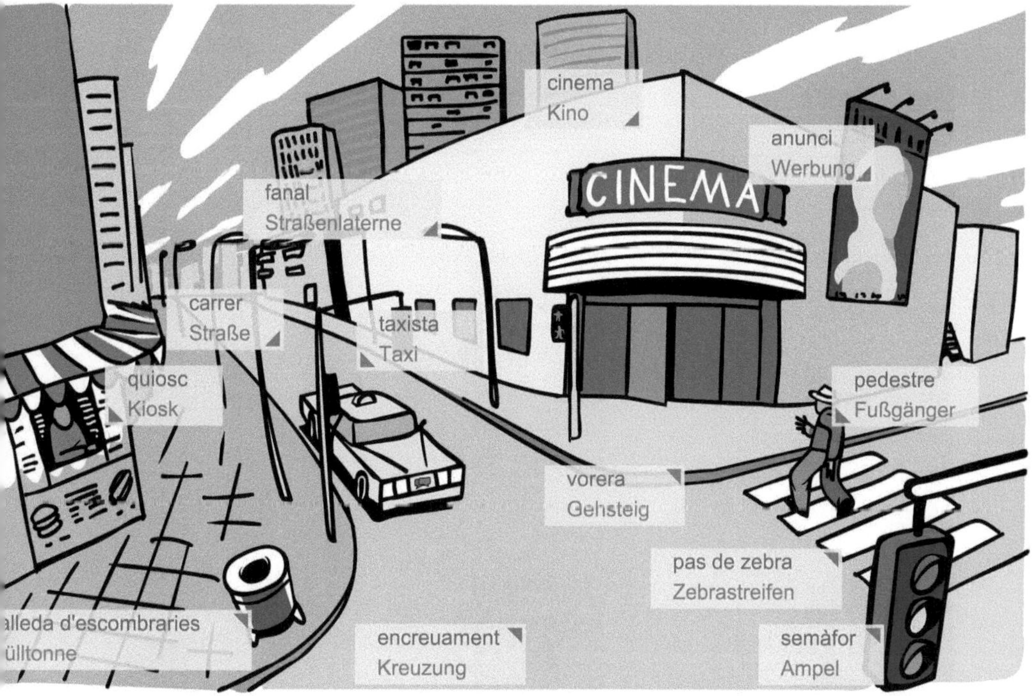

cinema
Kino

anunci
Werbung

fanal
Straßenlaterne

CINEMA

carrer
Straße

taxista
Taxi

pedestre
Fußgänger

quiosc
Kiosk

vorera
Gehsteig

pas de zebra
Zebrastreifen

alleda d'escombraries
ülltonne

encreuament
Kreuzung

semàfor
Ampel

cabana

Hütte

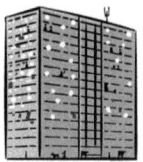

apartament

Wohnung

estació de trens

Bahnhof

casa de la vila-ciutat

Rathaus

museu

Museum

escola

Schule

ciutat - Stadt

universitat

Universität

banca

Bank

hospital

Spital

hotel

Hotel

farmàcia

Apotheke

oficina

Büro

llibreria

Buchhandlung

botiga

Geschäft

floristeria

Blumenladen

supermercat

Supermarkt

mercat

Markt

gran magatzem

Kaufhaus

peixateria

Fischhändler

centre comercial

Einkaufszentrum

port

Hafen

parc
Park

banc
Bank

pont
Brücke

escala
Stiege

metro
U-Bahn

túnel
Tunnel

parada d'autobús
Bushaltestelle

bar
Bar

restaurant
Restaurant

bústia de correu
Briefkasten

senyal indicador
Straßenschild

parquímetre
Parkuhr

zoo
Zoo

piscina
Badeanstalt

mesquita
Moschee

granja

Bauernhof

pol·lució

Umweltverschmutzung

cementiri

Friedhof

església

Kirche

parc infantil

Spielplatz

temple

Tempel

paisatge
Landschaft

fulla
Blatt

cartell indicador
Wegweiser

camí
Weg

prat
Wiese

pedra
Stein

arbre
Baum

excursionista
Wanderer

riu
Fluss

gespa
Gras

flor
Blume

vall
....
Tal

muntanya
....
Hügel

llac
....
See

bosc
....
Wald

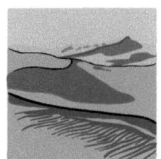

desert
....
Wuste

volcà
....
Vulkan

castell
....
Schloss

arc de Sant Martí
....
Regenbogen

bolet
....
Pilz

palmera
....
Palme

moscard
....
Moskito

mosca
....
Fliege

formiga
....
Ameise

abella
....
Biene

aranya
....
Spinne

escarabat

Käfer

granota

Frosch

esquirol

Eichhörnchen

eriçó

Igel

llebre

Hase

òliba

Eule

ocell

Vogel

cigne

Schwan

senglar

Wildschwein

cervo

Hirsch

ant

Elch

presa

Staudamm

turbina

Windrad

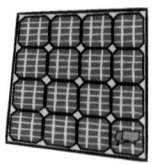

panell solar

Solarmodul

clima

Klima

cambrer
Kellner

menú
Speisekarte

cadira
Sessel

sopa
Suppe

pizza
Pizza

coberts
Besteck

tovalla
Tischdecke

primer plat

Vorspeise

plat principal

Hauptgericht

darreries

Nachspeise

begudes

Getränke

menjar

Essen

ampolla

Flasche

menjar ràpid

Fastfood

menjar de carrer

Streetfood

tetera

Teekanne

sucrer

Zuckerdose

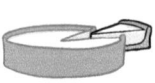

porció

Portion

màquina d'espresso

Espressomaschine

trona

Kinderstuhl

factura

Rechnung

plata

Tablett

ganivet

Messer

forqueta

Gabel

cullera

Löffel

cullereta

Teelöffel

tovalló

Serviette

got

Glas

restaurant - Restaurant

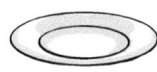

plat

Teller

plat de sopa

Suppenteller

plateret

Untertasse

salsa

Sauce

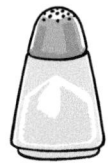

saler

Salzstreuer

molinet de pebre

Pfeffermühle

vinagre

Essig

oli

Öl

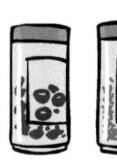

espècies

Gewürze

quètxup

Ketchup

mostassa

Senf

maionesa

Mayonnaise

supermercat

Supermarkt

oferta especial
Angebot
client
Kunde
FOR
productes lactis
Milchprodukte
fruites
Obst
carret de la compra
Einkaufswagen

BUTCHERS

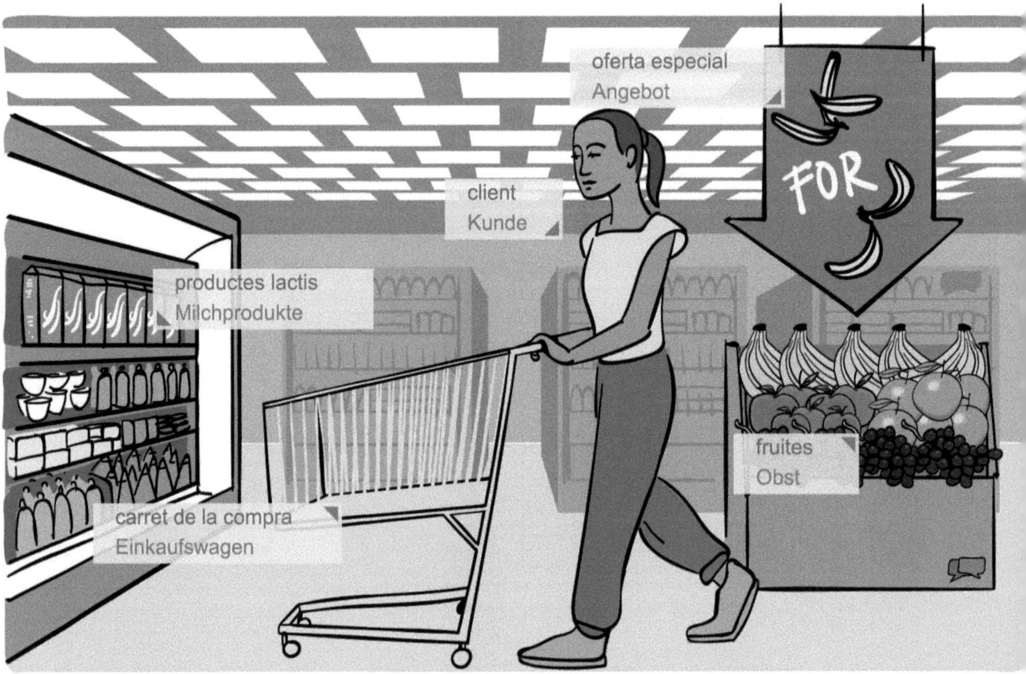

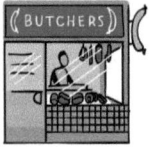

carnisseria

Schlachterei

BAKERY

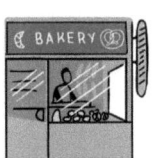

forn de pa

Bäckerei

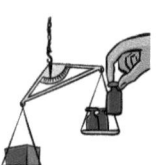

pesar

wiegen

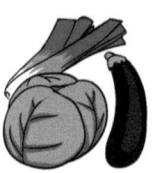

verdures

Gemüse

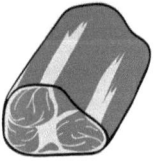

carn

Fleisch

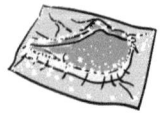

menjar congelat

Tiefkühlkost

carn freda
....
Aufschnitt

conserves
....
Konserven

detergent en pols
....
Waschmittel

dolços
....
Süßigkeiten

articles domèstics
....
Haushaltsartikel

productes de neteja
....
Reinigungsmittel

venedora
....
Verkäuferin

caixa registradora
....
Kassa

caixera
....
Kassiererin

llista de la compra
....
Einkaufsliste

horari d'obertura
....
Öffnungszeiten

portamonedes
....
Brieftasche

carta de crèdit
....
Kreditkarte

bossa
....
Tasche

bossa de plàstic
....
Plastiktüte

aigua

Wasser

suc

Saft

llet

Milch

coca-cola

Cola

vi

Wein

cervesa

Bier

alcohol

Alkohol

cacau

Kakao

te

Tee

cafè

Kaffee

espresso

Espresso

cappuccino

Cappuccino

banana

Banane

poma

Apfel

taronja

Orange

síndria

Melone

llimona

Zitrone

pastanaga

Karotte

all

Knoblauch

bambú

Bambus

ceba

Zwiebel

bolet

Pilz

avellanes

Nüsse

fideus

Nudeln

espaguetis
....
Spaghetti

arròs
....
Reis

amanida
....
Salat

patates fregides
....
Pommes frites

patates fregides
....
Bratkartoffeln

pizza
....
Pizza

hamburguesa
....
Hamburger

entrepà
....
Sandwich

escalopa
....
Schnitzel

cuixot
....
Schinken

salami
....
Salami

salsitxa
....
Wurst

pollastre
....
Huhn

rostit
....
Braten

peix
....
Fisch

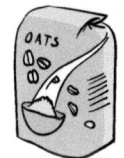

flocs de civada

Haferflocken

musli

Müsli

cereals

Cornflakes

farina

Mehl

croissant

Croissant

panet

Semmel

pa

Brot

torrada

Toast

bescuits

Kekse

mantega

Butter

mató

Topfen

pastís

Kuchen

ou

Ei

ou fregit

Spiegelei

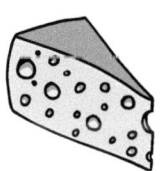

formatge

Käse

gelat

Eiscreme

sucre

Zucker

mel

Honig

melmelada

Marmelade

crema de xocolata

Schokoladenaufstrich

curri

Curry

granja
Bauernhof

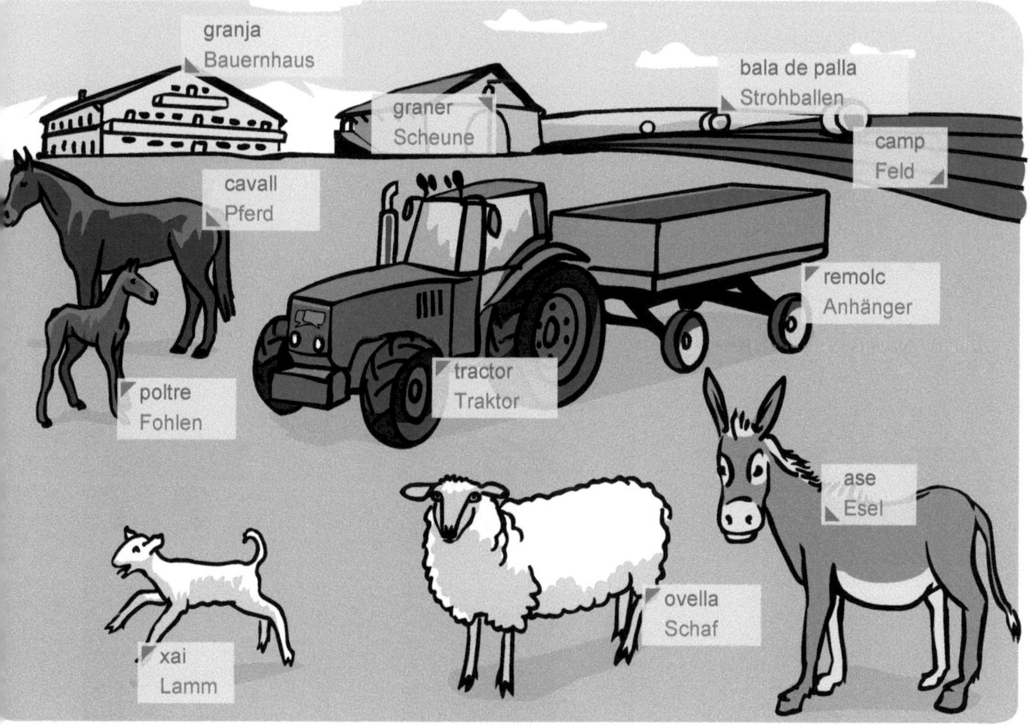
granja
Bauernhaus
graner
Scheune
bala de palla
Strohballen
camp
Feld
cavall
Pferd
tractor
Traktor
remolc
Anhänger
poltre
Fohlen
ase
Esel
ovella
Schaf
xai
Lamm

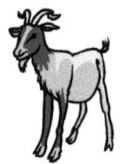

cabra
Ziege

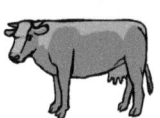

vaca
Kuh

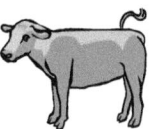

vedella
Kalb

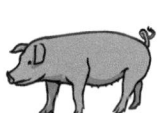

porc
Schwein

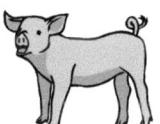

garrí
Ferkel

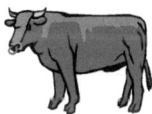

bou
Stier

oca

Gans

ànec

Ente

poll

Küken

gall

Huhn

gallina

Hahn

rata

Ratte

gat

Katze

ratolí

Maus

bou

Ochse

gos

Hund

gossera

Hundehütte

mànega de regar

Gartenschlauch

regadora

Gießkanne

dalla

Sense

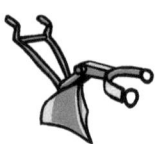

arada

Pflug

falç

Sichel

aixada

Hacke

forca

Mistgabel

destral

Axt

carretó

Schubkarre

abeurador

Trog

lletera

Milchkanne

sac

Sack

tanca

Zaun

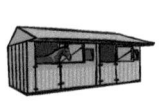

establa

Stall

hivernacle

Treibhaus

sòl

Boden

llavor

Saat

adob

Dünger

collidora

Mähdrescher

collir

ernten

collita

Ernte

nyam

Yamswurzel

blat

Weizen

soja

Soja

patata

Erdapfel

blat de moro o d'indi

Mais

colza

Raps

arbre fruiter

Obstbaum

mandioca

Maniok

cereals

Getreide

casa
Haus

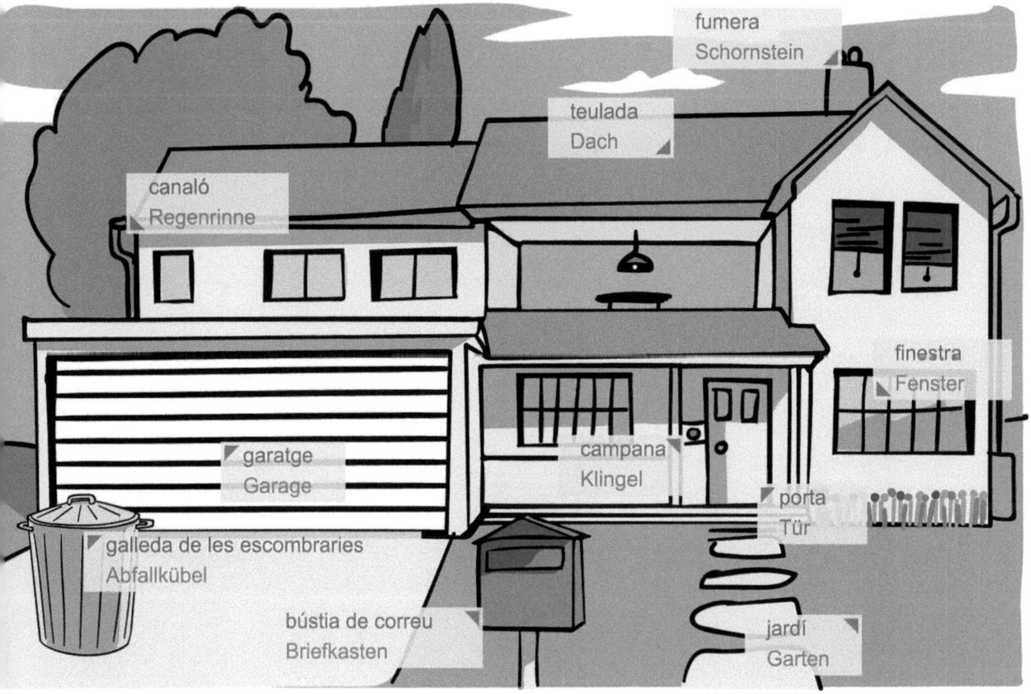

fumera
Schornstein
teulada
Dach
canaló
Regenrinne
finestra
Fenster
garatge
Garage
campana
Klingel
porta
Tür
galleda de les escombraries
Abfallkübel
bústia de correu
Briefkasten
jardí
Garten

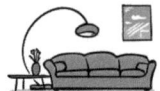

sala d'estar

Wohnzimmer

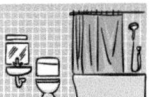

bany

Badezimmer

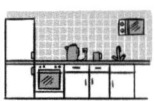

cuina

Küche

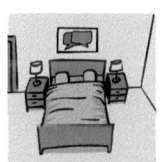

cambra de dormir

Schlafzimmer

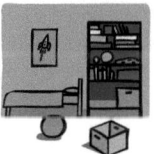

cambra de nen

Kinderzimmer

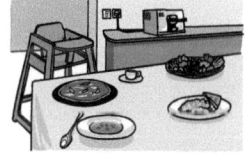

menjador

Esszimmer

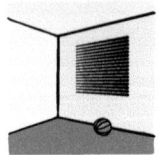

sòl

Boden

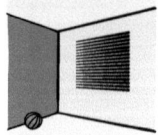

paret

Wand

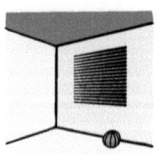

sostre

Decke

soterrani

Keller

sauna

Sauna

balcó

Balkon

terrassa

Terrasse

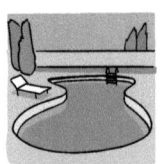

piscina

Schwimmbad

tallagespa

Rasenmäher

vànova

Bettbezug

cobrellit

Bettdecke

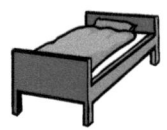

llit

Bett

escombra

Besen

galleda

Kübel

interruptor

Schalter

sala d'estar
Wohnzimmer

paper de paret
Tapete
quadre
Bild
làmpada
Lampe
prestatge
Regal
armari
Schrank
televisor
Fernseher
escalfapanxes
Kamin
flor
Blume
coixí
Polster
sofà
Sofa
gerro
Vase
telecomanda
Fernbedienung

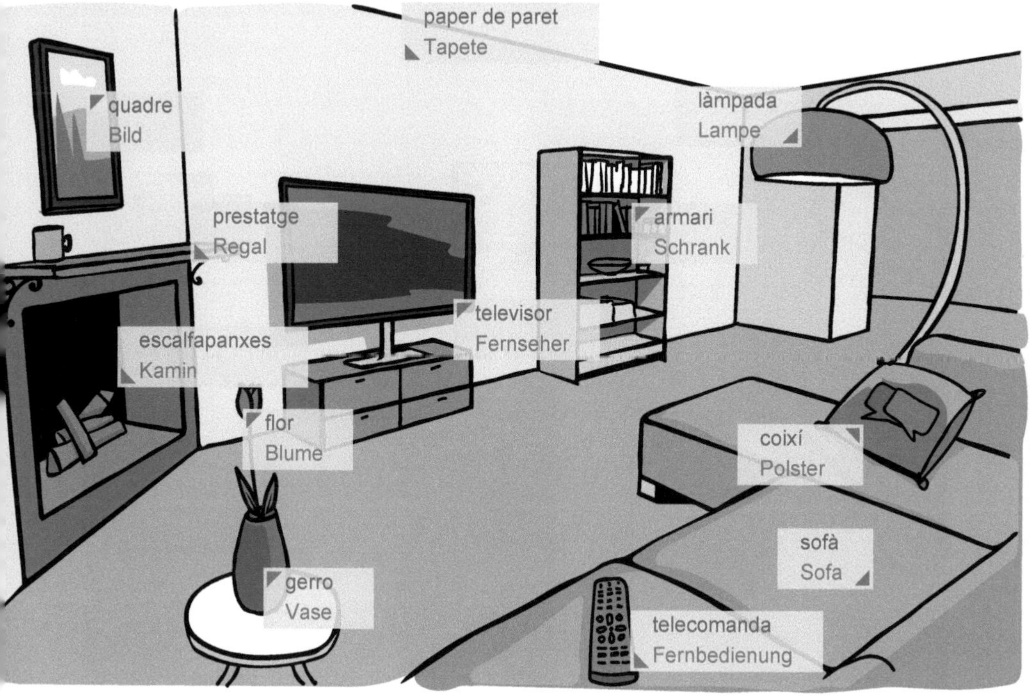

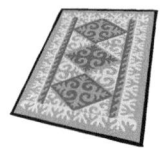

catifa

Teppich

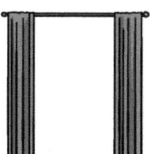

cortina

Vorhang

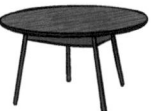

taula

Tisch

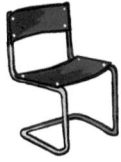

cadira

Sessel

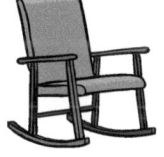

cadira gronxadora

Schaukelstuhl

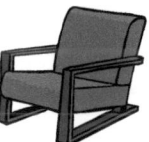

cadiral

Sessel

llibre

Buch

llençol

Decke

decoració

Dekoration

llenya

Feuerholz

film

Film

cadena de música

Stereoanlage

clau

Schlüssel

diari

Zeitung

pintura

Gemälde

cartell

Poster

ràdio

Radio

bloc de notes

Notizblock

aspiradora

Staubsauger

cactus

Kaktus

candela

Kerze

cuina
Küche

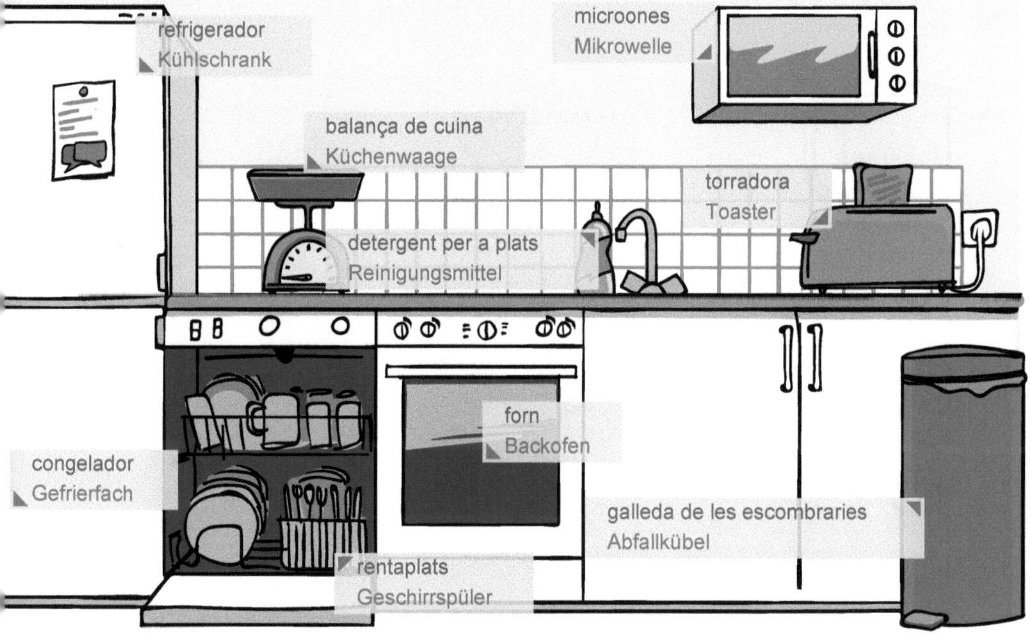
refrigerador
Kühlschrank
microones
Mikrowelle
balança de cuina
Küchenwaage
torradora
Toaster
detergent per a plats
Reinigungsmittel
forn
Backofen
congelador
Gefrierfach
galleda de les escombraries
Abfallkübel
rentaplats
Geschirrspüler

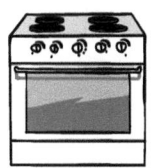

cuina de fogons

Herd

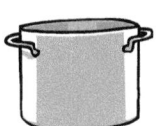

olla

Topf

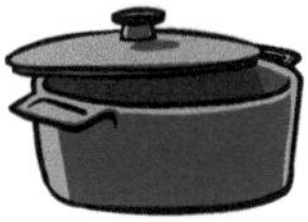

olla de ferro colat

Eisentopf

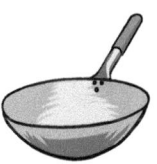

wok / karahi

Wok / Kadai

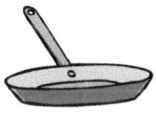

paella

Pfanne

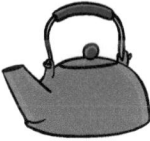

bullidor

Wasserkocher

olla de vapor

Dampfgarer

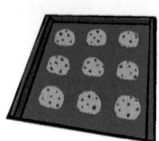

plata de forn

Backblech

vaixella

Geschirr

tassa grossa

Becher

bol

Schale

bastonets xinesos

Essstäbchen

culler

Schöpflöffel

espàtula

Pfannenwender

batedor

Schneebesen

colador

Kochsieb

sedàs

Sieb

ratllador

Reibe

morter

Mörser

barbacoa

Grill

foc a terra

Kaminfeuer

taula de tallar

Schneidebrett

corró

Nudelholz

llevataps

Korkenzieher

pot de conserva

Dose

obridor

Dosenöffner

agafador

Topflappen

aigüera

Waschbecken

raspall

Bürste

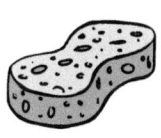

esponja

Schwamm

batedora

Mixer

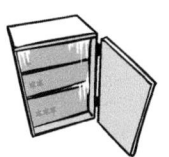

congelador

Gefriertruhe

biberó

Babyflasche

aixeta

Wasserhahn

cuina - Küche

bany
Badezimmer

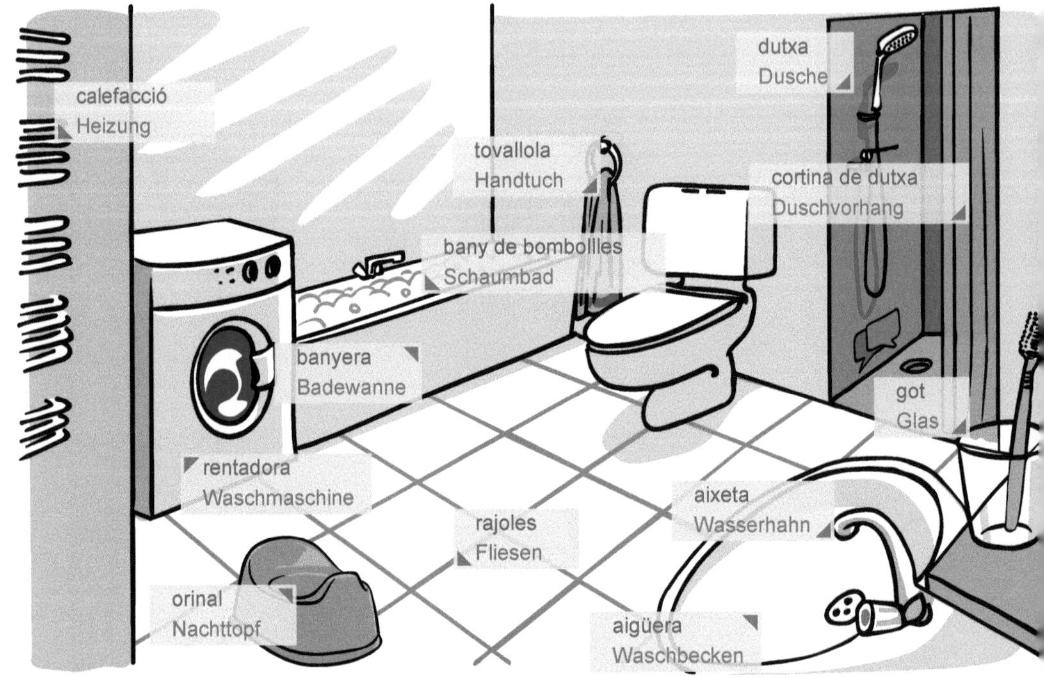

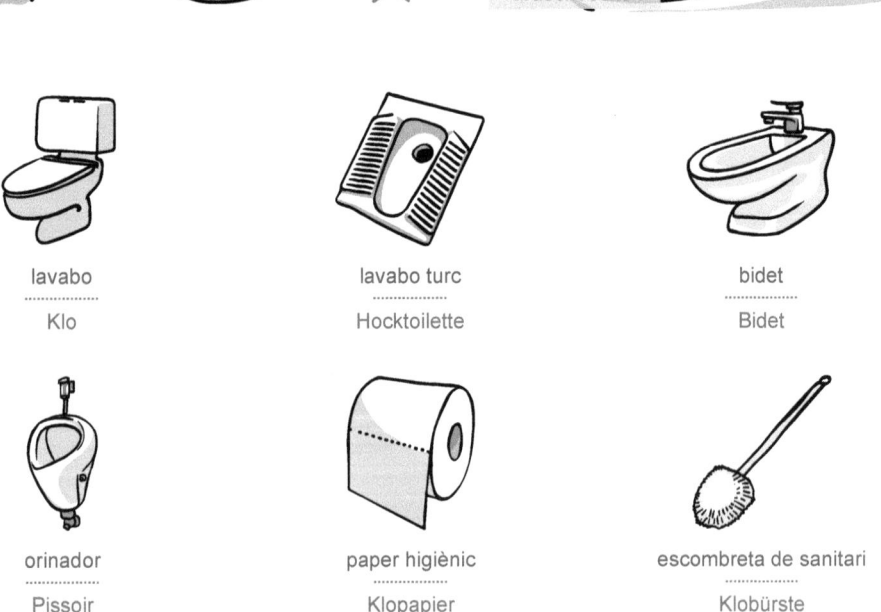

calefacció
Heizung
dutxa
Dusche
tovallola
Handtuch
cortina de dutxa
Duschvorhang
bany de bombolles
Schaumbad
banyera
Badewanne
got
Glas
rentadora
Waschmaschine
aixeta
Wasserhahn
rajoles
Fliesen
orinal
Nachttopf
aigüera
Waschbecken

lavabo
Klo

lavabo turc
Hocktoilette

bidet
Bidet

orinador
Pissoir

paper higiènic
Klopapier

escombreta de sanitari
Klobürste

raspall de dents

Zahnbürste

pasta de dents

Zahnpasta

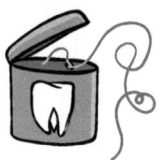

fil dental

Zahnseide

rentar

waschen

pom de dutxa

Handbrause

dutxa íntima

Intlmdusche

rentamans

Waschschüssel

raspall per a l'esquena

Rückenbürste

sabó

Seife

gel de dutxa

Duschgel

xampú

Shampoo

manyopla de bany

Waschlappen

bonera

Abfluss

crema

Creme

desodorant

Deodorant

mirall

Spiegel

mirall-espill de mà

Kosmetikspiegel

maquineta de rasar

Rasierer

espuma de barbejar

Rasierschaum

loció post-rasada

Rasierwasser

pinta

Kamm

raspall

Bürste

eixugador

Föhn

laca

Haarspray

maquillatge

Makeup

pintallavis

Lippenstift

esmalt d'ungles

Nagellack

cotó

Watte

tallaungles

Nagelschere

perfum

Parfum

estoig de bellesa

Kulturbeutel

tamboret

Hocker

bàscula

Waage

barnús

Bademantel

guants de goma

Gummihandschuhe

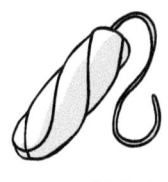

compresa higiènica

Tampon

compresa

Damenbinde

sanitari químic

Chemietoilette

cambra de nen
Kinderzimmer

despertador
Wecker
animal de peluix
Kuscheltier
auto de joguina
Spielzeugauto
sonall
Rassel
casa de nines
Puppenhaus
present
Geschenk

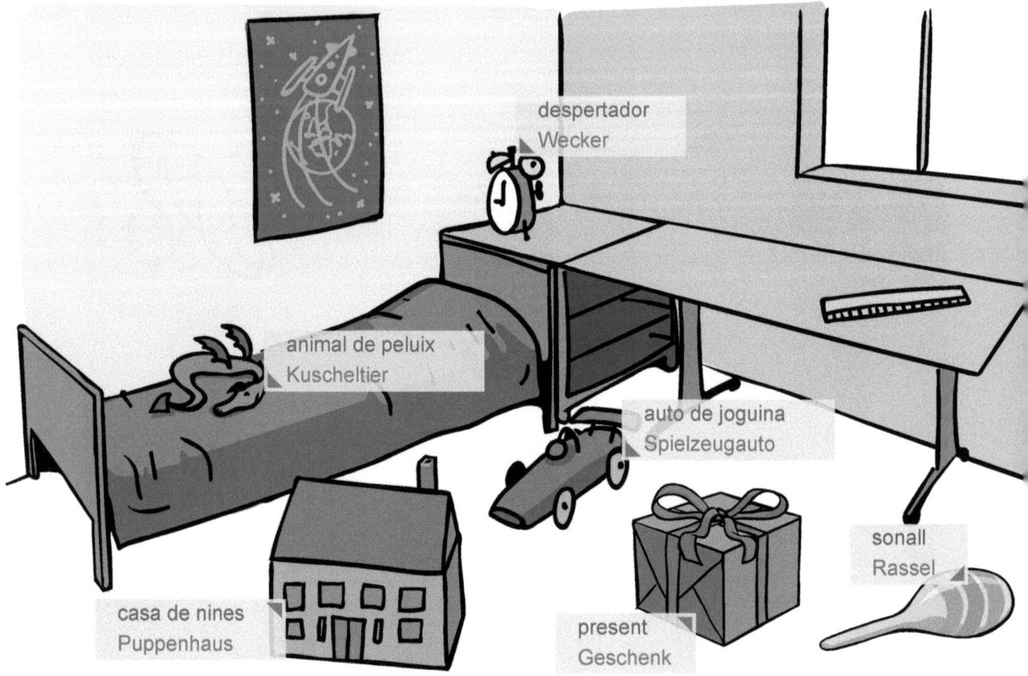

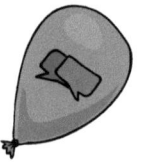

baló
Ballon

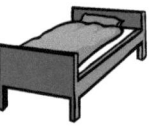

llit
Bett

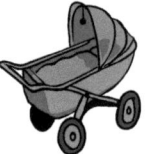

cotxet per a nens
Kinderwagen

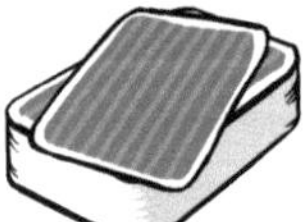

joc de cartes
Kartenspiel

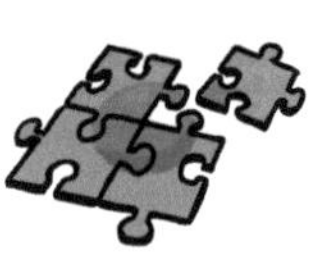

trencaclosca
Puzzle

historieta
Comic

peces de lego

Legosteine

peces de construcció

Bausteine

ninot d'acció

Actionfigur

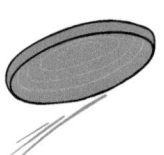

granota

Strampelanzug

frisbee

Frisbee

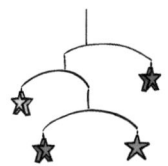

mòbil per a bressol

Moblle

joc de taula

Brettspiel

daus

Würfel

tren elèctric

Modelleisenbahn

xumet

Schnuller

festa

Party

llibre de dibuixos

Bilderbuch

pilota

Ball

nina

Puppe

jugar

spielen

sorrera

Sandkasten

gronxador

Schaukel

joguines

Spielzeug

consola de jocs de vídeo

Spielkonsole

tricicle

Dreirad

osset de peluix

Teddy

armari

Kleiderschrank

roba

Kleidung

mitjons

Socken

mitges

Strümpfe

mitja pantaló

Strumpfhose

tapacoll
Schal

cintura
Gürtel

paraigua
Regenschirm

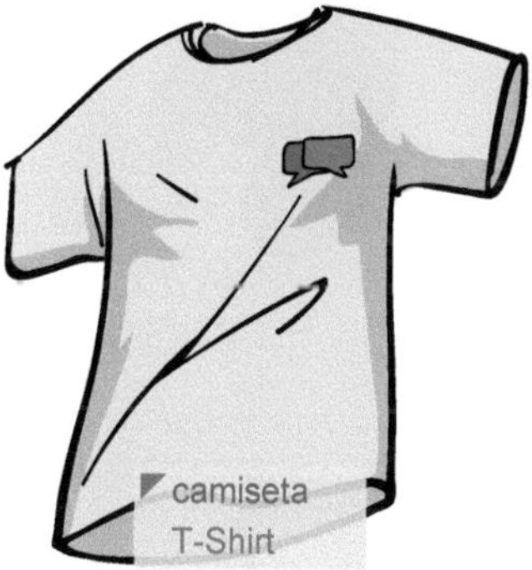

camiseta
T-Shirt

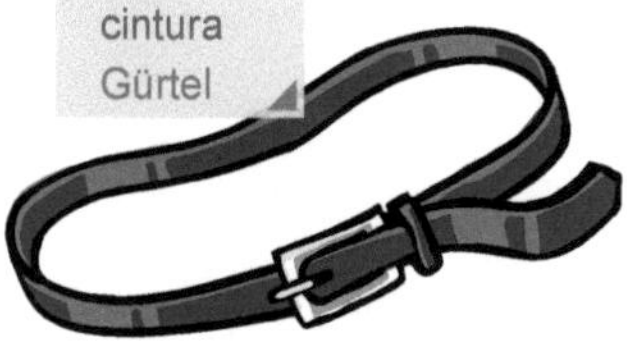

sabates d'esport
Turnschuhe

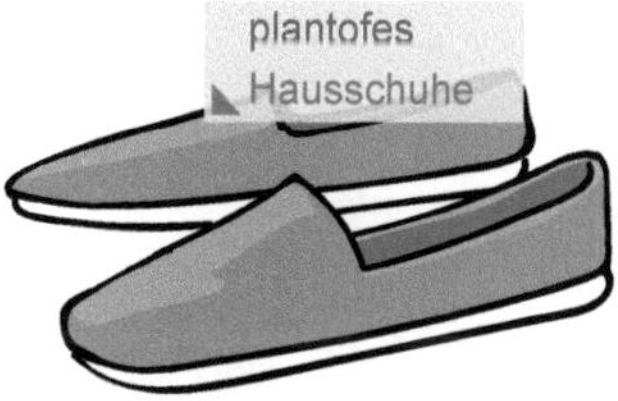

botes
Stiefel

plantofes
Hausschuhe

sandàlies
....
Sandalen

sabates
....
Schuhe

botes de goma
....
Gummistiefel

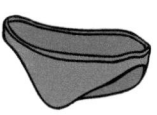

calçonets
....
Unterhose

sostenidor
....
Büstenhalter

guardapits
....
Unterhemd

jjustacòs

Body

pantalons

Hose

jeans

Jeans

faldeta

Rock

brusa

Bluse

camisa

Hemd

jersei

Pullover

dessuadora

Kapuzenpullover

blazer

Blazer

jaqueta

Jacke

mantell

Mantel

impermeable

Regenmantel

vestit de dona

Kostüm

vestit de dona

Kleid

vestit de núvia

Hochzeitskleid

vestit d'home

Anzug

camisa de dormir

Nachthemd

pijama

Pyjama

sari

Sarl

mocador de cap

Kopttuch

turbant

Turban

burca

Burka

caftan

Kaftan

abaia

Abaya

vestit de bany

Badeanzug

calçon(et)s de bany

Badehose

pantalons curts

kurze Hose

xandall

Jogginganzug

davantal

Schürze

guants

Handschuhe

botó

Knopf

ulleres

Brille

braçalet

Armband

collaret

Halskette

anell

Ring

orellera

Ohrring

casquet

Mütze

penjador

Kleiderbügel

capell

Hut

corbata

Krawatte

cremallera

Reißverschluss

casc

Helm

elàstics

Hosenträger

uniforme escolar

Schuluniform

uniforme

Uniform

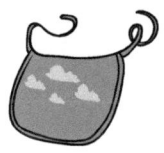

pitet

Lätzchen

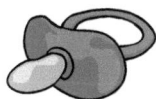

xumet

Schnuller

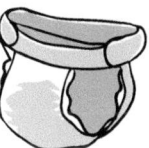

bolquer

Windel

oficina
Büro

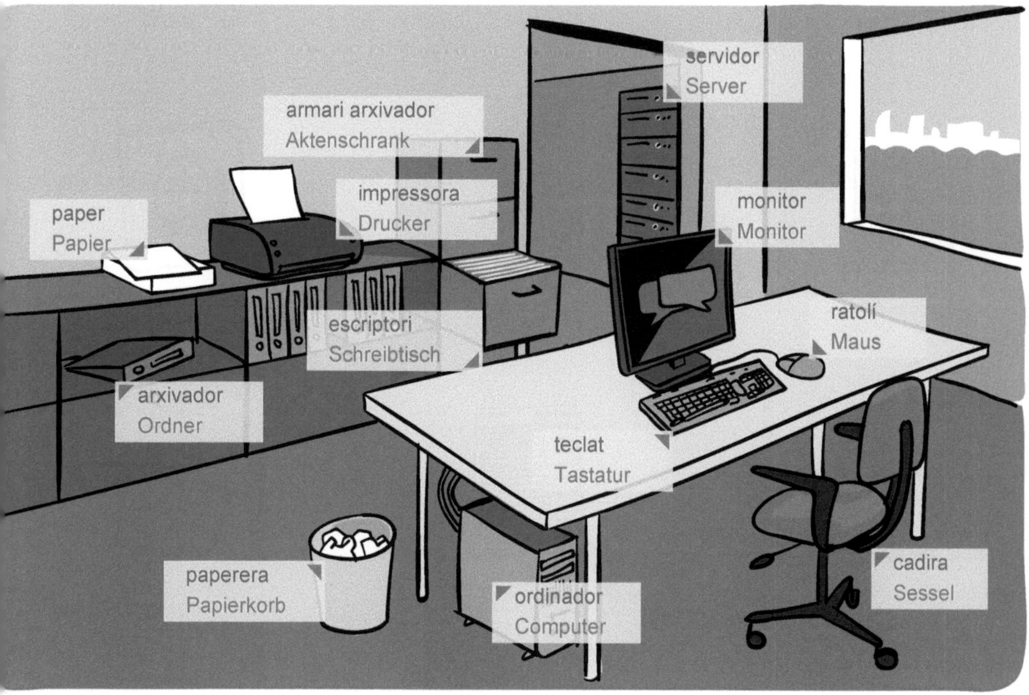
servidor
Server
armari arxivador
Aktenschrank
impressora
Drucker
paper
Papier
monitor
Monitor
ratolí
Maus
escriptori
Schreibtisch
arxivador
Ordner
teclat
Tastatur
paperera
Papierkorb
cadira
Sessel
ordinador
Computer

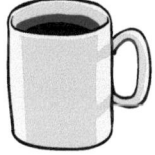

tassa de cafè

Kaffeebecher

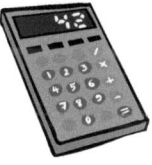

calculadora

Taschenrechner

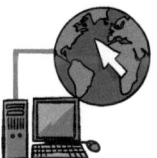

Internet

Internet

ordinador portàtil

Laptop

lletra

Brief

missatge

Nachricht

mòbil

Handy

xarxa

Netzwerk

fotocopiadora

Kopierer

programari

Software

telèfon

Telefon

presa de corrent

Steckdose

fax

Fax

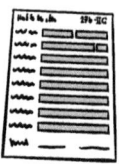

formulari

Formular

document

Dokument

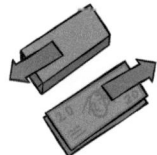

comprar

kaufen

pagar

bezahlen

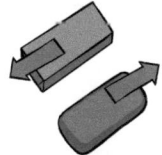

comerciar

handeln

diners

Geld

USD

dòlar

Dollar

EUR

euro

Euro

JPY

ien

Yen

RUB

ruble

Rubel

CHF

franc suís

Franken

CNY

renminbi

Renminbi Yuan

INR

rupia

Rupie

caixa automàtica

Bankomat

oficina de canvi

Wechselstube

or

Gold

argent

Silber

petroli

Öl

energia

Energie

preu

Preis

contracte

Vertrag

impost

Steuer

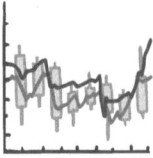

acció

Aktie

treballar

arbeiten

treballador

Angestellte

empresari

Arbeitgeber

fàbrica

Fabrik

botiga

Geschäft

oficial de policia
Polizist

bomber
Feuerwehrmann

cuiner
Koch

doctora
Ärztin

pilot
Pilot

jardiner

Gärtner

fuster

Tischler

costurera

Schneiderin

jutge

Richter

química

Chemikerin

actor

Schauspieler

conductor d'autobús

Busfahrer

taxista

Taxifahrer

pescador

Fischer

dona de la neteja

Putzfrau

ensostrador

Dachdecker

cambrer

Kellner

caçador

Jäger

pintor

Maler

forner

Bäcker

electricista

Elektriker

obrer de la construcció

Bauarbeiter

enginyer

Ingenieur

carnisser

Schlachter

llanterner

Installateur

correu

Briefträgerin

soldat

Soldat

arquitecte

Architekt

caixera

Kassiererin

florista

Blumenhändlerin

perruquer

Friseur

revisor

Schaffner

mecànic

Mechaniker

capità

Kapitän

dentista

Zahnärztin

científic

Wissenschaftler

rabí

Rabbi

imam

Imam

monjo

Mönch

capellà

Pfarrer

eines
Werkzeuge

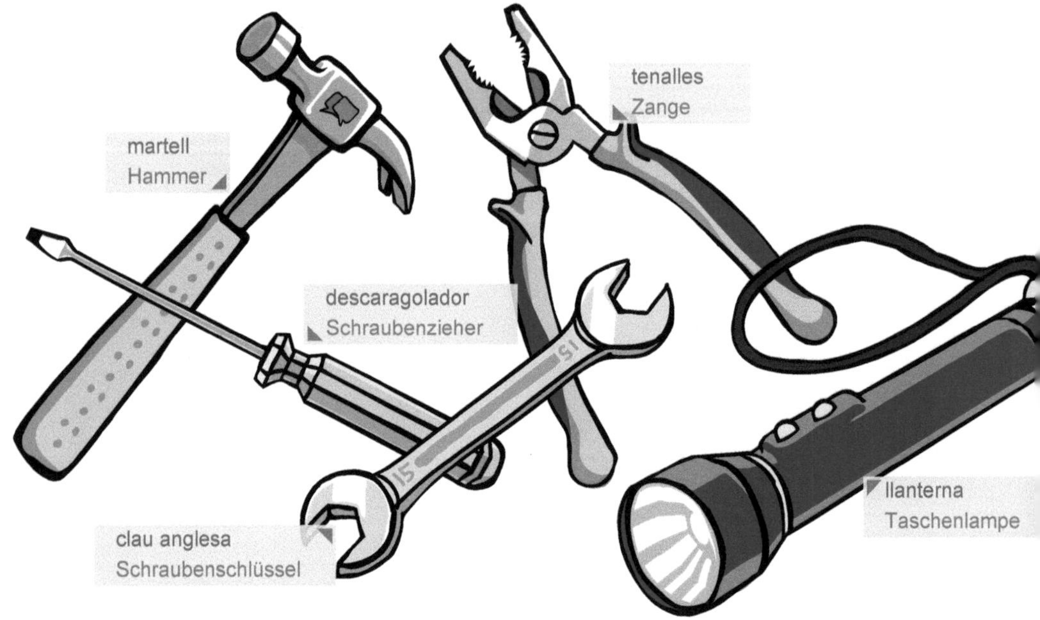
martell
Hammer
tenalles
Zange
descaragolador
Schraubenzieher
llanterna
Taschenlampe
clau anglesa
Schraubenschlüssel

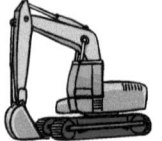

excavadora

Bagger

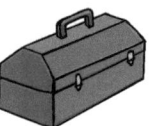

caixa d'eines

Werkzeugkasten

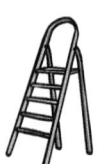

escala

Leiter

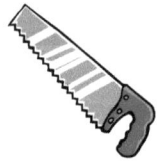

serra

Säge

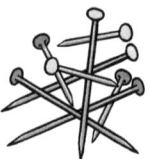

claus

Nägel

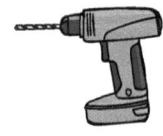

trepant

Bohrer

reparar
reparieren

pala
Schaufel

Maleït siga!
Scheiße!

pala
Kehrschaufel

pot de pintura
Farbtopf

caragols
Schrauben

instrument de música
Musikinstrumente

altaveu
Lautsprecher

bateria
Schlagzeug

contrabaix
Kontrabass

trompeta
Trompete

guitarra
Gitarre

piano

Klavier

violí

Violine

baix

Bass

timbal

Pauke

tambor

Trommeln

teclat

Tastatur

saxofon

Saxophon

flauta

Flöte

micròfon

Mikrofon

zoo
Zoo

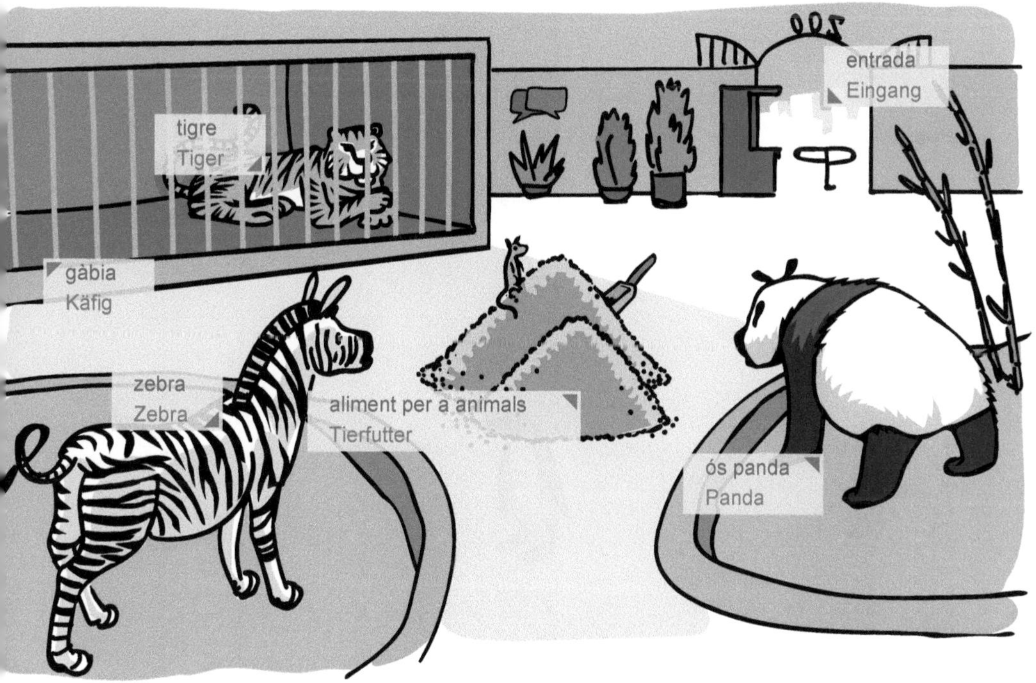

zoo
entrada
Eingang
tigre
Tiger
gàbia
Käfig
zebra
Zebra
aliment per a animals
Tierfutter
ós panda
Panda

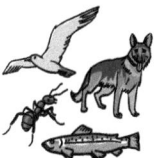

animals

Tiere

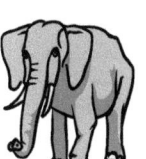

elefant

Elefant

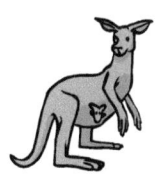

cangurú

Känguru

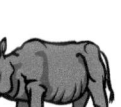

rinoceront

Nashorn

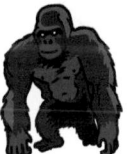

goril·la

Gorilla

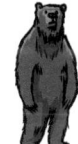

ós

Bär

camell

Kamel

estruç

Strauß

lleó

Löwe

simi

Affe

flamenc

Flamingo

papagai

Papagei

ós polar

Eisbär

pingüí

Pinguin

ca mari

Hai

paó

Pfau

serp

Schlange

cocodril

Krokodil

guardià del zoo

Zoowärter

foca

Robbe

jaguar

Jaguar

poni

Pony

lleopard

Leopard

hipopòtam

Nilpferd

girafa

Giraffe

àliga

Adler

senglar

Wlldschwein

peix

Fisch

tortuga

Schildkröte

morsa

Walross

guineu

Fuchs

gasela

Gazelle

futbol americà
American Football

ciclisme
Radfahren

tenis
Tennis

bàsquet
Basketball

natació
Schwimmen

boxa
Boxen

hoquei sobre gel
Eishockey

futbol americà
Fußball

bàdminton
Badminton

atletisme
Leichtathletik

handbol
Handball

esquí
Skifahren

polo
Polo

activitats
Aktivitäten

saltar
springen
abraçar
umarmen
riure
lachen
anar
gehen
cantar
singen
somiar
träumen
pregar
beten
fer un petó
küssen

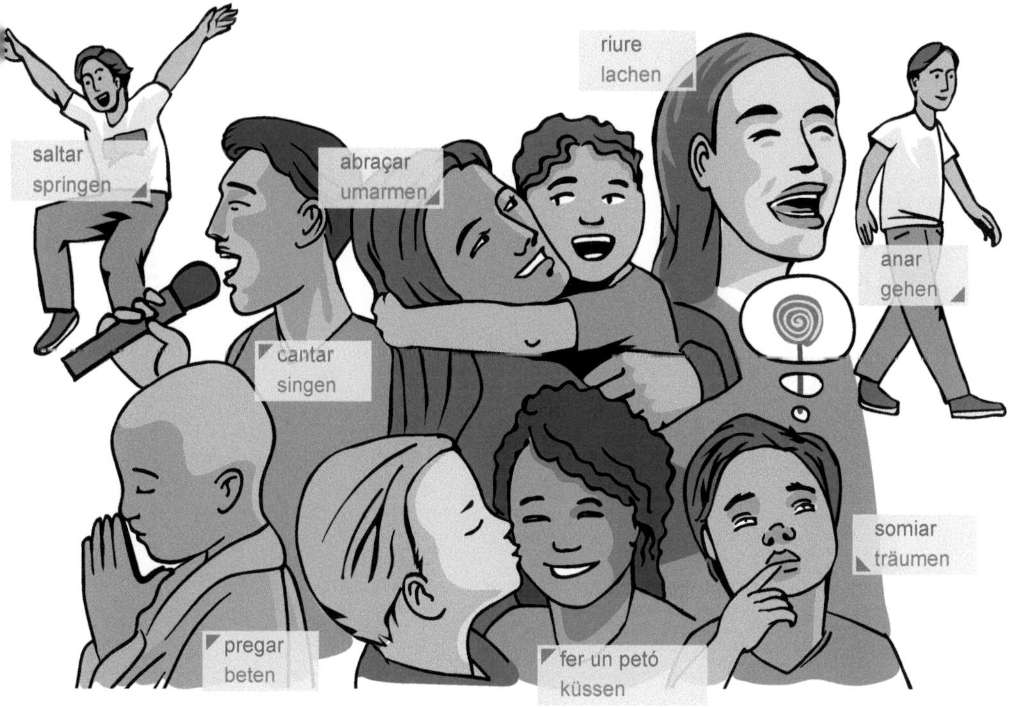

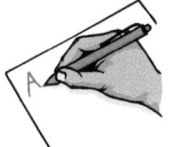

escriure

schreiben

dibuixar

zeichnen

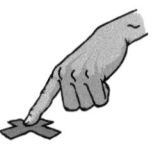

mostrar

zeigen

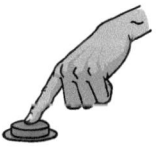

pitjar

drücken

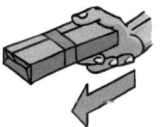

donar

geben

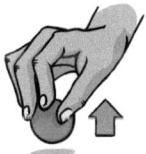

prendre

nehmen

tenir

haben

fer

machen

ésser

sein

estar dret

stehen

córrer

laufen

estirar

ziehen

llançar

werfen

caure

fallen

jeure

liegen

esperar

warten

portar

tragen

asseure's

sitzen

vestir-se

anziehen

dormir

schlafen

despertar-se

aufwachen

mirar

ansehen

plorar

weinen

amoixar

streicheln

pentinar

frisieren

parlar

reden

comprendre

verstehen

demanar

fragen

escoltar

hören

beure

trinken

menjar

essen

endreçar

zusammenräumen

estimar

lieben

cuinar

kochen

conduir

fahren

volar

fliegen

navegar

segeln

calcular

rechnen

llegir

lesen

aprendre

lernen

treballar

arbeiten

casar-se

heiraten

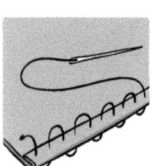

cosir

nähen

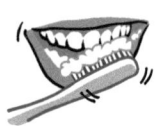

raspallar-se les dents

Zähne putzen

matar

töten

fumar

rauchen

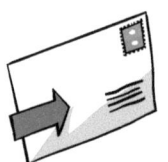

enviar

senden

Illustration: family portrait with labels

- àvia / Großmutter
- avi / Großvater
- pare / Vater
- mare / Mutter
- nadó / Baby
- filla / Tochter
- fill / Sohn

convidat

Gast

tia

Tante

oncle

Onkel

germà

Bruder

germana

Schwester

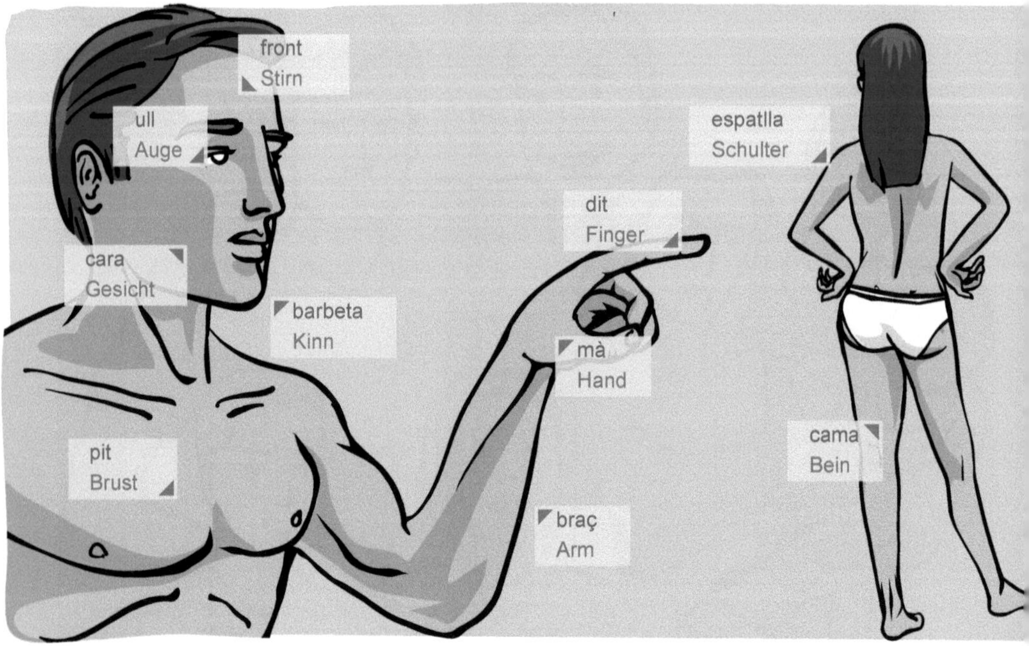

front
Stirn

ull
Auge

espatlla
Schulter

dit
Finger

cara
Gesicht

barbeta
Kinn

mà
Hand

pit
Brust

cama
Bein

braç
Arm

nadó

Baby

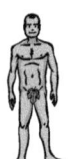

home

Mann

dona

Frau

noia

Mädchen

noi

Junge

cap

Kopf

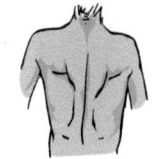

esquena

Rücken

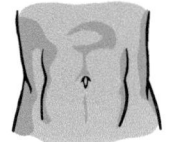

panxa

Bauch

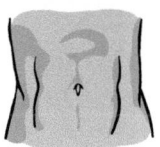

melic

Nabel

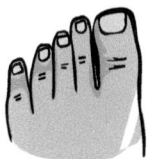

dit gros del peu

Zeh

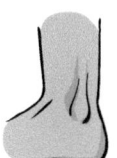

taló

Ferse

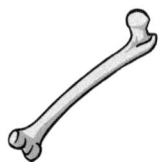

os

Knochen

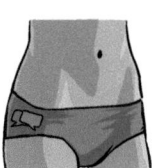

maluc

Hüfte

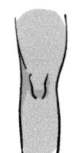

genoll

Knie

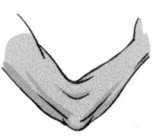

colze

Ellbogen

nas

Nase

cul

Gesäß

pell

Haut

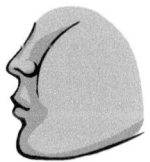

galta

Wange

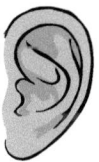

orella

Ohr

llavi

Lippe

boca

Mund

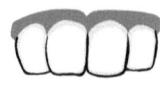

dent

Zahn

llengua

Zunge

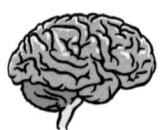

cervell

Gehirn

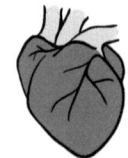

cor

Herz

múscul

Muskel

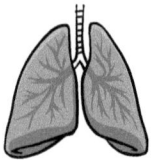

pulmó

Lunge

fetge

Leber

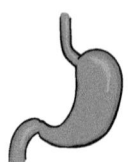

estómac

Magen

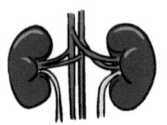

ronyó

Nieren

relació sexual

Geschlechtsverkehr

preservatiu

Kondom

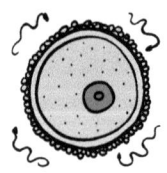

ovari

Eizelle

semen

Sperma

prenyat

Schwangerschaft

cos - Körper

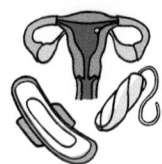

menstruació
....
Menstruation

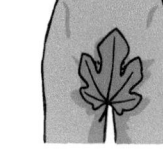

vagina
....
Vagina

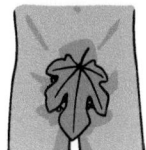

penis
....
Penis

cella
....
Augenbraue

cabells
....
Haar

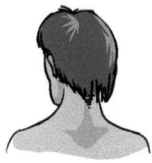

coll
....
Hals

hospital
Spital

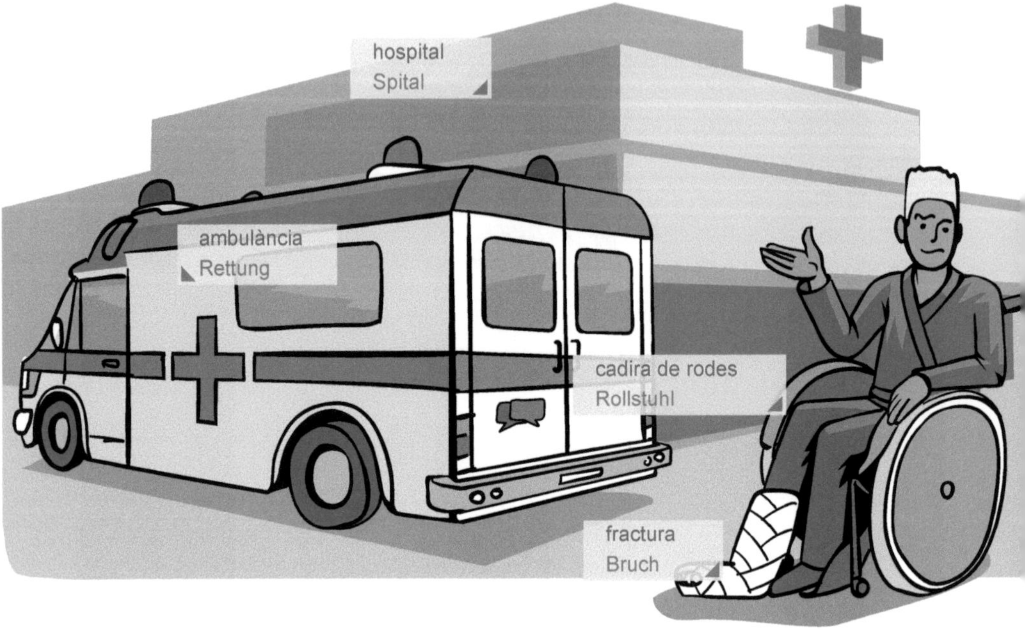

hospital
Spital
ambulància
Rettung
cadira de rodes
Rollstuhl
fractura
Bruch

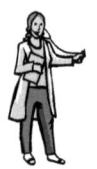

doctora

Ärztin

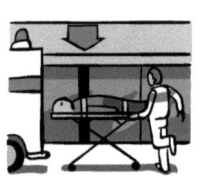

sala d'urgències

Notaufnahme

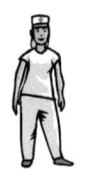

infermera

Krankenschwester

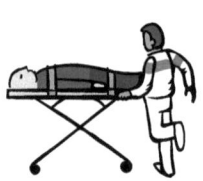

urgència

Notfall

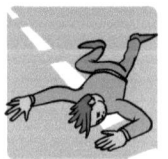

inconscient

ohnmächtig

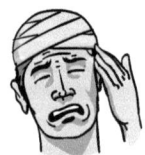

dolor

Schmerz

ferida

Verletzung

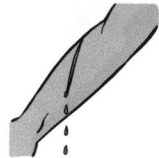

sagnament

Blutung

atac de cor

Herzinfarkt

apoplexia

Schlaganfall

al·lèrgia

Allergie

tos

Husten

febre

Fieber

gripa

Grippe

diarrea

Durchfall

mal de cap

Kopfschmerzen

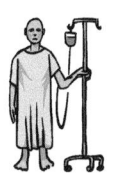

càncer

Krebs

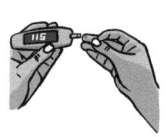

diabetis

Diabetes

cirurgià

Chirurg

escalpel

Skalpell

operació

Operation

tomografia computada (TC), TAC
....
CT

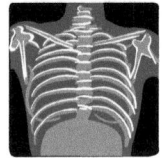

raigs x
....
Röntgen

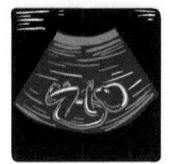

ultrasò
....
Ultraschall

mascareta
....
Maske

malaltia
....
Krankheit

sala d'espera
....
Wartezimmer

crossa
....
Krücke

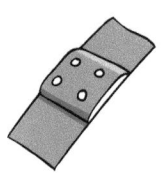

tireta
....
Pflaster

embenat
....
Verband

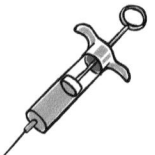

injecció
....
Injektion

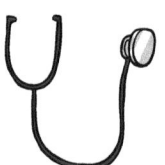

estetoscopi
....
Stethoskop

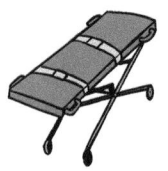

llitera
....
Trage

termòmetre clínic
....
Thermometer

pariment
....
Geburt

sobrepès
....
Übergewicht

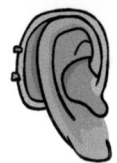

aparell auditiu

Hörgerät

desinfectant

Desinfektionsmittel

infecció

Infektion

virus

Virus

VIH / SIDA

HIV / AIDS

medicina

Medizin

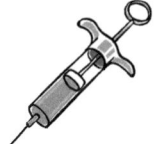

vaccí

Impfung

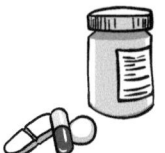

comprimits

Tabletten

píl·lola

Pille

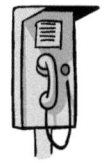

trucada d'urgència

Notruf

tensiòmetre

Blutdruckmesser

malalt / sà

krank / gesund

Socors!

Hilfe!

alarma

Alarm

assalt

Überfall

atac

Angriff

perill

Gefahr

sortida-eixida d'urgència

Notausgang

Foc!

Feuer!

extintor

Feuerlöscher

accident

Unfall

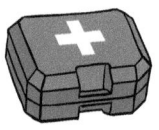

farmaciola de primers auxilis

Erste-Hilfe-Koffer

SOS

SOS

policia

Polizei

Europa

Europa

Amèrica del Nord

Nordamerika

Amèrica del Sud

Südamerika

Àfrica

Afrika

Àsia

Asien

Austràlia

Australien

Atlàntic

Atlantik

Pacífic

Pazifik

Oceà Índic

Indische Ozean

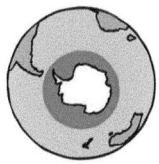

Oceà Antàrtic

Antarktische Ozean

Oceà Àrtic

Arktische Ozean

pol nord

Nordpol

pol sud

Südpol

Antàrtida

Antarktis

terra

Erde

país

Land

mar

Meer

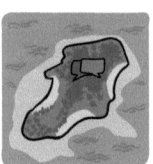

illa

Insel

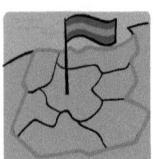

nació

Nation

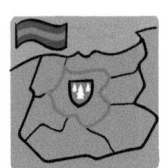

estat

Staat

terra - Erde

quadrant

Ziffernblatt

agulla de les hores

Stundenzeiger

agulla dels minuts

Minutenzeiger

agulla dels segons

Sekundenzeiger

Quina hora és?

Wie spät ist es?

dia

Tag

temps

Zeit

ara

jetzt

rellotge digital

Digitaluhr

minut

Minute

hora

Stunde

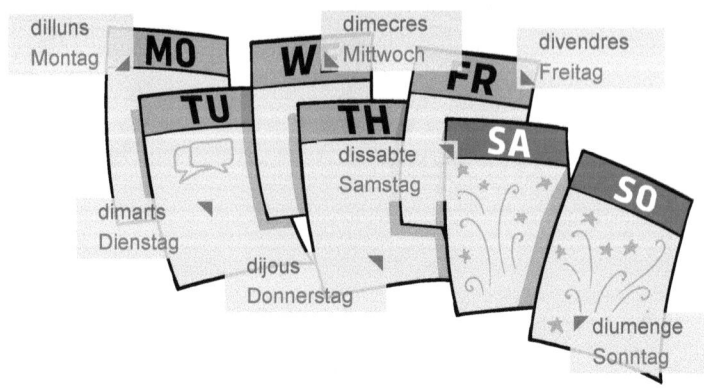

dilluns
Montag

dimecres
Mittwoch

divendres
Freitag

dimarts
Dienstag

dissabte
Samstag

dijous
Donnerstag

diumenge
Sonntag

ahir

gestern

avui

heute

demà

morgen

matí

Morgen

migdia

Mittag

tarda

Abend

MO	TU	WE	TH	FR	SA	SU
1	2	3	4	5	6	7
8	9	10	11	12	13	14
15	16	17	18	19	20	21
22	23	24	25	26	27	28
29	30	31	1	2	3	4

dia feiner

Arbeitstage

MO	TU	WE	TH	FR	SA	SU
1	2	3	4	5	6	7
8	9	10	11	12	13	14
15	16	17	18	19	20	21
22	23	24	25	26	27	28
29	30	31	1	2	3	4

cap de setmana

Wochenende

pluja
Regen

arc de Sant Martí
Regenbogen

vent
Wind

neu
Schnee

primavera
Frühling

tardor
Herbst

estiu
Sommer

hivern
Winter

4.APRIL	11°	☀
5.APRIL	4°	🌧
6.APRIL	13°	⛅
7.APRIL	8°	❄
8.APRIL	10°	☀

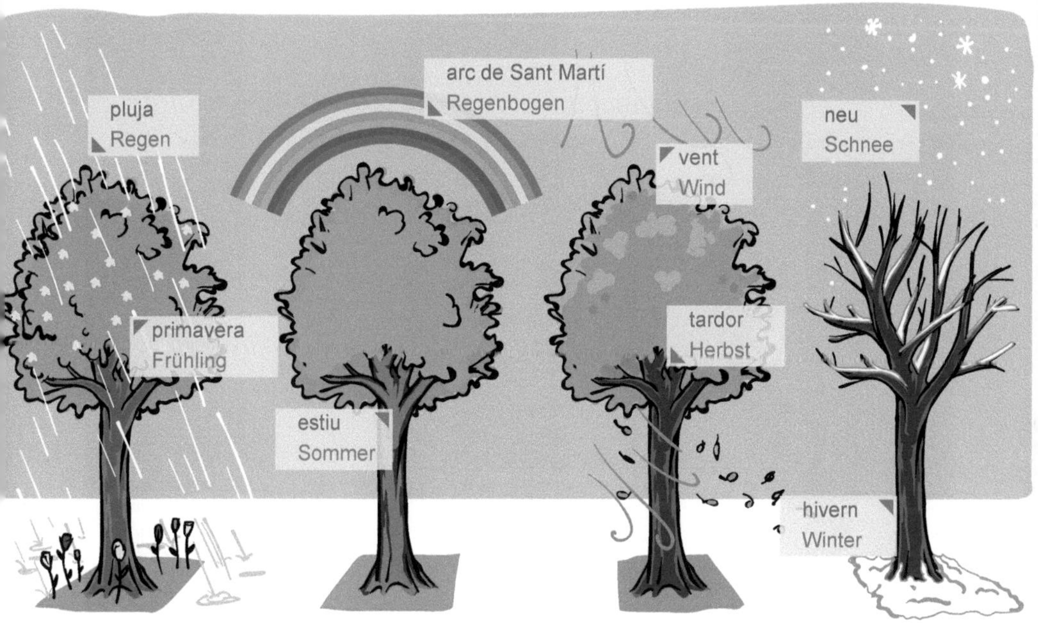

pronòstic del temps

Wettervorhersage

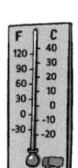

termòmetre

Thermometer

llum del sol

Sonnenschein

núvol

Wolke

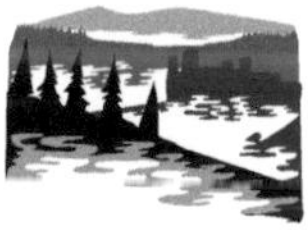

boira

Nebel

humiditat de l'aire

Luftfeuchtigkeit

llamp
Blitz

tro
Donner

tempesta
Sturm

calamarsa
Hagel

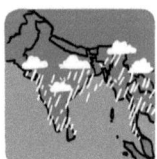

monsó
Monsun

inundació
Flut

gel
Eis

gener
Jänner

febrer
Februar

març
März

abril
April

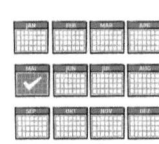

maig
Mai

juny
Juni

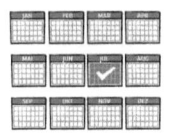

juliol
Juli

agost
August

any - Jahr

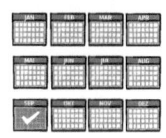

setembre

September

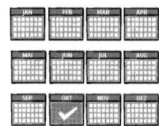

octubre

Oktober

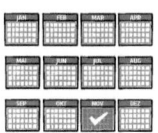

novembre

November

desembre

Dezember

formes

Formen

cercle

Kreis

quadrat

Quadrat

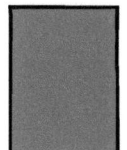

rectangle

Rechteck

triangle

Dreieck

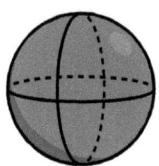

esfera

Kugel

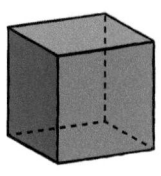

cub

Würfel

blanc

weiß

groc

gelb

taronja

orange

rosa

pink

vermell

rot

lila

lila

blau

blau

verd

grün

marró

braun

gris

grau

negre

schwarz

molt / poc

viel / wenig

emprenyat / tranquil

wütend / friedlich

bonic / lleig

hübsch / hässlich

començament / fi

Anfang / Ende

gran / petit

groß / klein

clar / fosc

hell / dunkel

germà / germana

Bruder / Schwester

net / brut

sauber / schmutzig

complet / incomplet

vollständig / unvollständig

dia / nit

Tag / Nacht

mort / viu

tot / lebendig

ample / estret

breit / schmal

comestible / immenjable

genießbar / ungenießbar

dolent / amable

böse / freundlich

entusiasmat / entediat

aufgeregt / gelangweilt

gros / prim

dick / dünn

primer / darrer

zuerst / zuletzt

amic / enemic

Freund / Feind

ple / buit

voll / leer

dur / tou

hart / weich

pesant / lleuger

schwer / leicht

gana / set

Hunger / Durst

malalt / sà

krank / gesund

il·legal / legal

illegal / legal

intel·ligent / ximple

gescheit / dumm

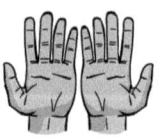

esquerra / dreta

links / rechts

prop / llunyà

nah / fern

nou / usat

neu / gebraucht

res / quelcom

nichts / etwas

vell / jove

alt / jung

encès / apagat

an / aus

obert / tancat

offen / geschlossen

silenciós / sorollós

leise / laut

ric / pobre

reich / arm

correcte / incorrecte

richtig / falsch

aspre / suau

rau / glatt

trist / content

traurig / glücklich

curt / llarg

kurz / lang

lent / ràpid

langsam / schnell

humit / sec - eixut

nass / trocken

calent / fred

warm / kühl

guerra / pau

Krieg / Frieden

0

zero

null

1

u

eins

2

dos

zwei

3

tres

drei

4

quatre

vier

5

cinc

fünf

6

sis

sechs

7

set

sieben

8

vuit

acht

9

nou

neun

10

deu

zehn

11

onze

elf

12
dotze

zwölf

13
tretze

dreizehn

14
catorze

vierzehn

15
quinze

tüntzehn

16
setze

sechzehn

17
disset

siebzehn

18
divuit

achtzehn

19
dinou

neunzehn

20
vint

zwanzig

100
cent

hundert

1.000
mil

tausend

1.000.000
milió

Million

Ilengües

Sprachen

anglès

Englisch

anglès americà

Amerikanisches Englisch

xinès mandarí

Chinesisch (Mandarin)

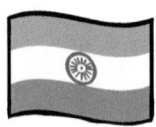

hindi

Hindi

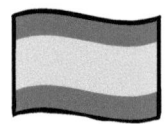

espanyol

Spanisch

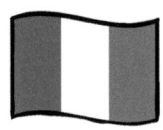

francès

Französisch

àrab

Arabisch

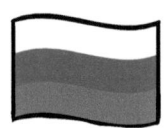

rus

Russisch

portuguès

Portugiesisch

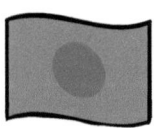

bengalí

Bengalisch

alemany

Deutsch

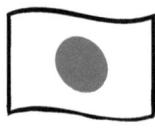

japonès

Japanisch

jo
ich

tu
du

ell / ella / allò
er / sie / es

nosaltres
wir

vosaltres
ihr

ells
sie

qui?
Wer?

què?
Was?

com?
Wie?

on?
Wo?

quan?
Wann?

nom
Name

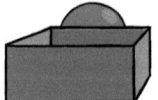

darrere

hinter

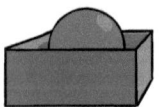

en

in

davant de

vor

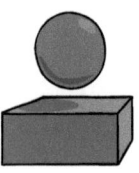

damunt

über

sobre

auf

sota

unter

al costat

neben

entre

zwischen

lloc

Ort